LES CANTIQVES
SPIRITVELS
DE
ST. JEAN
DE LA CROIX.

A l'Art Catholique,
6, Place St. Sulpice, Paris.

20ᴎ79   558

(147)

LES CANTIQVES SPIRITVELS

DE SAINT JEAN DE LA CROIX, PREMIER CARME

Déchaussé de la Réforme de notre Dame
du Mont Carmel, & Coadjuteur de
la sainte Mère Thérèse de Jésvs.

NOVVELLEMENT REVVS ET TRÈS
exactement corrigés sur l'Original, par le R. P. Cyprien
de la Nativité de la Vierge, Carme Déchaussé,

ET TRADVITS EN VERS FRANÇAIS
Par le même Père Cyprien, Carme Déchaussé.

A PARIS
A la Librairie de l'Art Catholique, six
Place S. Sulpice, près l'Eglise.

M. CM. XVII.

CANTIQVES DE L'AME, OV ELLE
CHANTE L'HEVREVSE AVANTVRE
QU'ELLE A EV A PASSER PAR
L'OBSCVRE NVICT DE LA FOY,
EN NVDITÉ ET PVRGATION A
L'VNION DE SON BIEN-AYMÉ.

 *l'ombre d'une obscure Nuit,*
   D'angoisseux amour embrazée,
   O l'heureux sort qui me conduit,
Je sortis sans estre avisée,
Le calme tenant à propos
Ma maison en un doux repos.

A l'obscur, mais hors de danger,
Par une eschelle fort secrette,
Couverte d'un voile estranger

Je me derobay en cachette,
(Heureux fort !) quand tout à propos
Ma maiſon eſtoit en repos.

En ſecret ſous le manteau noir
De la Nuict, ſans eſtre apperceuë,
Où que je peuſſe appercevoir
Aucun des objects de la veuë,
N'ayant ny guide, ny lueur,
Que la lampe ardente en mon cœur.

Ce flambeau luiſant me guidoit,
Plus ſeur que la torche allumée
Du plain midy, où m'attendoit
Celuy que j'avois en penſée,
Là où nul vivant ſous les Cieux
Ne ſe preſentoit à mes yeux.

O *Nuict qui me conduis à point !*
Nuict plus aymable que l'aurore !
Nuict heureuse qui as conjoint
L'Aymée à l'aymé, mais encore
Celle que l'amour a formé,
Et en son Amant transformé.

Dans mon sein parsemé de fleurs,
Qu'entier soigneuse je luy garde,
Il s'endort, et pour ces faveurs,
D'un chaste accueil je le mignarde,
Lors que l'evantail ondoyant
D'un Cedre le va festoyant.

L'Aurore par ses doux Zephirs,
Ayant espars sa chevelure,
Mit sa main pleine de saphirs

Sur mon col flattant ma bleſſure,
Lors ſa douceur tint en ſuſpens
L'entier uſage de mes ſens.

Je me tins coy, et m'oubliay,
Panchant ſur mon amy ma face,
Tout ceſſa, je m'abandonnay,
Remettant mes ſoins à ſa grace :
Comme eſtans tous enſevelis
Dans le beau parterre des Lys.

CANTIQVES ENTRE L'AME
ET JESVS-CHRIST
SON ESPOVX.

L'ESPOVSE.

v vous cachez-vous cher Amant
Qui m'avez en ce deüil laiſſée
Comme un cerf qu'on va pour-
Vous fuyez m'ayant bien bleſſée : [ſuivant?
Je ſortis après vous criant,
Mais vous alliez touſjours fuiant.

O Paſteurs vous qui tournoyez
Ces huttes gaignans la Colline,
Si par rencontre vous voyez

Celuy qui bruſle ma poictrine,
Dites luy qu'en mille langueurs
Et mille ſouffrances je meurs.

Cherchant les amours de mon cœur
J'iray par ces monts, et rivages,
Sans y cueillir pas une fleur
Ny craindre les beſtes ſauvages:
Murs et remparts je forceray,
Et les frontieres paſſeray.

O ſombres foreſts que la main
De mon bien-aymé a plantées!
Prez, delices de l'œil humain,
Verdures de fleurs eſmaillées!
Dites, ſans feinte, mon Eſpoux
N'auroit-il point paſſé par vous?

Liberal en ayant verſé
Mille doux effects de ſa grace,
D'un pas viſte il a traverſé
Ces bois, et y tournant ſa face
Les enrichit de nouveauté
En leur imprimant ſa beauté.

Helas ! qui pourra me guerir !
Acheve à te livrer ſans feinte,
Amour, ſans plus aller querir
Des meſſagers ſur ma complainte ;
Car je ne puis apprendre d'eux
Ce qu'impatiente je veux.

Tous ceux qui s'occupent en vous,
Me vont racontans mille graces,
Et tant plus me bleſſent de coups :

Response
des crea-
tures.

Car icy leurs langues trop baſſes
Begayent un je ne ſçay quoy,
Qui me tuë et met hors de moy.

Quoy mon ame, ne meurs tu pas,
Ne vivant point où eſt ta vie?
Puis que l'on haſte ton treſpas,
Quand celuy dont tu es ravie
Jette ſes traits que tu reçois,
En ce que de luy tu conçois.

Quoy donc? ayant bleſſé ce cœur,
Ne guerirez vous ſa bleſſure?
Me l'ayant ravy, cher vainqueur,
Laiſſerez vous voſtre capture?
N'emporterez-vous par effect
Le butin que vous avez fait?

Esteignez donc tous mes ennuys,
Puis qu'un autre ne le peut faire.
Que mes yeux sans ombre et sans nuits
Vous voyent, leur clair luminaire,
Puis que pour vous seul, cher Amant,
Je les garde si cherement.

Monstrez-vous present à mes yeux,
Et que vostre regard me tuë:
Un mal d'amour tant ennuyeux
Ne peut guerir, que par la veuë
De celuy duquel la beauté
Fait cette aymable cruauté.

Source d'un cristal precieux!
Si dans tes faces argentines,
Soudain tu formois ces beaux yeux,

Cheris pour leurs graces divines,
Que je tiens avec grand honneur
Pourtraits dans le fond de mon cœur !

Deſtournez-les mon cher Eſpoux,
Car je prens l'eſſor et m'envole.
L'Espoux. *Retourne Colombe vers nous ;*
Le Cerf bleſſé de ta parole
Paroit au mont prenant le frais,
Et l'air qu'en volant tu luy fais.

J'ay en mon bien-aymé les monts
L'Espouse. *Et les vallées ſolitaires,*
Les fleuves bruyans et profonds,
Avec les Iſles eſtrangeres,
Le ſouffle des plus doux zephirs
Qui rafraichiſſent mes deſirs.

La paisible et tranquille nuit,
Pareille à l'aube gracieuse :
La douce musique et sans bruit ;
La solitude harmonieuse :
Le souper que donne l'amour,
Et recrée l'ame à son tour.

Nostre lict est semé de fleurs,
Les lyons y ont leur retraitte,
Le pourpre fournit ses couleurs :
Et basty d'une paix parfaitte,
De boucliers d'or environné,
Il est de gloire couronné.

Sur les traces de ton marcher
Vont courans les filles pudiques ;
De l'estincelle un seul toucher,

Un gouſt des vins aromatiques,
Eſcoulement delicieux
D'un baume derivé des Cieux.

Dans le cellier plus retiré
De mon amy j'ai beu ſans peine,
Et par ce nectar deſiré
Surpriſe ſortant en la pleine,
J'oubliay ce que je ſçavois,
Jusqu'au troupeau que je ſuivois.

Là donc il me donna ſon ſein,
Là il m'apprit une ſcience
Savoureuſe, et ſur ſon deſſein
Me livrant toute en confiance
Promis le ſervir deſormais,
Comme l'eſpouſant pour jamais.

Mon ame avec tout mon pouvoir,
S'employent à son seul service,
Maintenant je ne veux pourvoir
Les troupeaux, ny tenir office :
Aimer est ma vocation,
Et n'ay plus d'autre passion.

Que si desormais en ces prez,
L'on ne me trouve et n'y suis veue :
Et si l'on s'enquiert vous direz
Que vraiment je me suis perdue,
Qu'esprise d'un amour ardent,
Je me gaignay en me perdant.

Des esmeraudes, et des fleurs
Choisies au frais de l'Aurore
Nous ferons en mille couleurs

De riches chappeaux, que decore
Voſtre amour, et ſi je les veux
Lier tous d'un de mes cheveux.

Ce ſeul cheveu que vous voyez
Comme ſur mon col il ondoye,
Vous prit quand vous le regardiez,
Et vous tint lié pour ſa proye :
Auſsi le traict d'un de mes yeux,
Vous bleſſa d'un coup gratieux.

Au temps que vous m'enviſagiez,
Vos beaux yeux m'imprimoient leur grace,
Pour cela vous me cheriſsiez,
Et mes yeux voyans voſtre face,
En cela meſme ils meritoient
D'adorer ce qu'ils y voyoient.

Amy ne me mesprisez point ;
Car si vous m'avez trouvé brune,
Maintenant me verrez à point :
Puis que vostre veue opportune,
Avec la grace m'a empreint
La beauté qui change mon teint.

Qu'on nous prenne ces Renardeaux
Puis que nostre vigne est fleurie ;
Faisans un feston de monceaux
De roses fraichement cueillies,
Nous voulons que sur ce couppeau
Ne paroisse homme, ny troupeau.

Morte bise arreste ton cours :
Leve toy, ô Sud, qui reveilles
Par tes soufles les saincts amours,

Fais par mon jardin tes merveilles :
Car en respandant ses odeurs
Mon amy paistra dans les fleurs.

L'Espoux. *L'Espouse est entrée au Jardin,*
Ce beau Paradis de delices :
Et repose en l'Espoux divin,
Pour lequel font tous ses services,
Mettant son col dessus ses bras,
Où elle trouve mille appas.

Ce fut à l'ombre du pommier,
Que je te pris pour mon Espouse;
Et pour te tirer du fumier,
Je te donnay ma main jalouse
De reparer là ton bon-heur,
Où tomba ta mere en mal-heur.

Hoſtes de l'air, legers oyſeaux,
Lyons, Cerfs et Chevres ſauvages,
Monts, vallées, airs, claires eaux
Et vous delicieux rivages,
Ardeurs qui cauſez tant d'ennuys,
Vous craintes des veillantes nuits,

Je vous conjure par les Luts,
Et par le doux chant des Sirenes
D'arreſter voſtre ire, et que plus
Touchans le mur, les frayeurs vaines
Ne puiſſent cauſer le reſveil
De celle qui prend ſon ſommeil.

Nymphes de Judas, cependant   L'Espouse.
Que le plus doux parfum de l'ambre
Es roſiers ſe va reſpandant,

Ne touchez le seuil de ma chambre :
Demeurez, il est à propos,
Dedans les fauxbourgs en repos.

Tenez vous caché cher Espoux,
Tournez vos yeux sur les montagnes,
Et gardez ce secret pour nous,
Toutesfois voyez les campagnes
De celle qui se va ranger
Es Isles d'un monde estranger.

L'Espoux. *La blanche Colombe en ce jour*
Avec son verd rameau d'olive,
Est dedans l'Arche de retour :
Ja sur la verdoyante rive,
La Tourtre trouve retiré
Son pair qu'elle avoit desiré.

En folitude elle vivoit,
Son nid eft dans la folitude,
En folitude la pourvoit
L'Auteur feul de fa quietude :
Luy qu'un mefme amour a preffé
Et en folitude bleffé.

Sus allons Amy pour nous voir,   L'Espouse.
Et pour confiderer nos faces,
En vos beautez, ce clair miroir,
Où l'on decouvre toutes graces :
Au mont d'où l'eau plus pure fourd,
Au bois plus efpais et plus fourd.

Aufsi-toft nous nous en irons
Gaigner les grottes de la pierre,
Les plus hautes des environs,

Et plus ſecrettes de la terre.
Nous entrerons dans ces celliers
Beuvans le mouſt des grenadiers.

En ce lieu vous me monſtrerez,
Tout ce que pretendoit mon ame.
O vie ! vous me donnerez
Ce pourquoy mon cœur vous reclame ;
Et que deſja d'un pur amour
Vous me donnaſtes l'autre jour.

Les Zephirs, et la douce voix
De l'agreable Philomele,
L'honneur et la beauté des bois,
En la nuict plus calme et plus belle,
La flamme qui va conſommant,
Et ne donne point de tourment.

Car pas un ne le regardoit,
Aminadab n'oſoit paroiſtre :
Le grand calme que l'on gardoit
Au ſiege ſe faiſoit paroiſtre :
Les trouppes avec leurs chevaux,
Deſcendoient à l'aſpect des eaux.

CANTIQVES QVE CHANTE L'AME EN INTIME VNION AVEC DIEV.

 vive flamme, ô ſaincte ardeur,
Qui par cette douce bleſſure,
Perce le centre de mon cœur :
Maintenant ne m'eſtant plus dure,
Acheve, et briſe ſi tu veux
Le fil de ce rencontre heureux.

O plage d'extreme douceur,
Plage toute delicieuſe,
Mignarde main ! toucher flatteur,

Qui sent la vie bien-heureuse,
Qui fais nostre acquit en payant :
Qui donne la vie en tuant.

O Lampes des feux lumineux,
Dans vos splendeurs les grottes creuses,
Du sens aveugle et tenebreux,
Par des faveurs avantageuses,
Donnent et lumiere, et chaleur
A l'objet chery de leur cœur.

Combien suave et plain d'amour,
Dedans mon sein tu te resveille,
Où est en secret ton sejour :
Ton respirer doux à merveille,
De biens et de gloire accomply,
Doucement d'amour m'a remply.

JVSTIFICATION DV TIRAGE.

C'EST *le premier décembre* M. CM. XVII *que sur
les presses de l'Art Catholique on acheva de
réimprimer les Cantiques Spirituels de Saint Jean de
la Croix, d'après l'édition de* M. DC. XLII. *Ces
poëmes ont été tirés à mille cinq cent quinze exem-
plaires numérotés à la main, dont cinq sur papier à
la forme du Japon numérotés de* 1 *à* 5, *dix sur
papier des manufactures d'Insetsu-Kioku numérotés
de* 6 *à* 15 *et mille cinq cents sur papier vergé
d'Arches numérotés de* 16 *à* 1515. *Le présent
exemplaire porte le numéro :* 2